Inhalt

Performance-Messung - Anreizsysteme für die Mitarbeiter schaffen eine strategieorientierte Ausrichtung des Handelns und Entscheidens

Kernthesen

Beitrag

Fallbeispiele

Weiterführende Literatur

Impressum

GENIOS WirtschaftsWissen Nr. 12/2006 vom 18.12.2006

Performance-Messung - Anreizsysteme für die Mitarbeiter schaffen eine strategieorientierte Ausrichtung des Handelns und Entscheidens

M. Westphal

Kernthesen

- Für Unternehmen nimmt die Bedeutung von Incentivierung für eine Ausrichtung des persönlichen Handelns auf die Unternehmensziele zu.

- Ein Problem in Anreizsystemen besteht in der Auswahl der richtigen Messgrößen inklusive deren Gewichtung.
- Dem Controlling kommt die Aufgabe zu, die individuell für das Unternehmen richtigen Messgrößen auszuwählen, eine richtige Gewichtung zu finden und sie dann auch zu ermitteln.

Beitrag

Aktuell wird in der Politik diskutiert, wie man Mitarbeiter besser am Produktivvermögen von Unternehmen beteiligen kann. Ein wesentlicher Ansatzpunkt aus Unternehmenssicht ist in diesem Zusammenhang eine effektive Verhaltenssteuerung und stärkere Integration der Mitarbeiter im Unternehmen.

Für Unternehmen insbesondere in sich schnell ändernder Umwelt werden Anreizsysteme für die Mitarbeiter immer wichtiger

Ein erfolgreiches Produktionsmanagement wird heute nicht nur von Kosten und Preisen bestimmt, sondern

auch von Lernfähigkeit, Zeit, Flexibilität und Qualität. Die entsprechenden Management-Konzepte wie Just-In-Time, Total Quality Management oder die Lernende Organisation haben in den vergangenen Jahren aber die Performance und auch Produktionsstrategie nicht wirklich verbessert. Probleme bestanden in nicht vorhandener Verantwortlichkeit und entsprechenden Konsequenzen auf das jeweilige Gehalt der Abteilungsleiter. (1)
Dabei gewinnen leistungsorientierte Anreizsysteme gerade für Führungskräfte in Organisationseinheiten mit hoher organisatorischer Flexibilität an Bedeutung. Für das Controlling des Unternehmens stellt sich hierbei die Frage, welche Messgrößen für diesen Zweck besonders geeignet sind und wie man sie messen kann. (1)

Anreizsysteme schaffen eine Fokussierung der Handlungen und Entscheidungen der Mitarbeiter auf die Unternehmensziele

Ein wichtiger Bestandteil des Führungssystems eines

Unternehmens sind Anreizsysteme. Sie motivieren strategiekonformes Verhalten der Mitarbeiter und dienen damit der gezielten Verhaltensbeeinflussung von Mitarbeitern. In diesem Anreizsystem werden alle innerbetrieblichen Regeln, Richtlinien, Berechnungs- und Zuteilungsverfahren, die vergütungsrelevant sind, zusammengefasst. (4)
Anreizsysteme vermitteln durch ihren Aufbau explizit und implizit Informationen zu Strategie, Unternehmenskultur und anderen für das Unternehmen wichtigen Faktoren. Sie umfassen vier Aspekte, nämlich die Aktivierungs-, Steuerungs-, Informations- und Veränderungsfunktion. (5)
Dabei ist zunächst immer erst zu klären, welche organisatorischen Einheiten in das System integriert werden und dann, welche adäquaten Anreize für die einzelnen Mitarbeiter zu welchen Zielen geschaffen werden können. (4)
Auch das Instrumentarium der Anreize ist sorgfältig auszuwählen, indem materielle und immaterielle Anreize jeweils dafür gewährt werden, wozu sie adäquat sind. (4)
Wichtig bei der Auswahl und Gewichtung der Messgrößen ist, immer im Auge zu behalten, dass die individuelle Leistung kein Selbstzweck ist, sondern dass nur kooperatives Arbeiten das gemeinsame Unternehmensziel erreichen lässt. (4)
Sofern die einzelnen Messgrößen nicht richtig gewichtet werden, wird eine den Unternehmenszielen

nicht entsprechende Verhaltenssteuerung provoziert. Anreizsysteme sollten daher immer zwei Dimensionen berücksichtigen und zwar ihre koordinierende wie auch ihre motivierende Wirkung. (1)
Häufig wurden als Messgrößen für die individuelle Performance-Messung Messgrößen einer Abteilungs-Balanced-Scorecard (BSC) herangezogen. Dabei errechnete sich die anreizbedingte Zahlung aus der Differenz der gemessenen Performance und den definierten Soll-Werten sämtlicher in der BSC enthaltenen Messgrößen. Die Vielzahl der herangezogenen Messgrößen aus den BSCs sind aber zur Anreizbemessung für die jeweiligen Personen nicht relevant, da falsche oder auch der Strategie entgegenlaufende Verhaltenswirkungen motiviert werden. (1)
Viele Messgrößen sind von externen Umwelteinflüssen bestimmt. So ist die eigentliche Incentivewirkung wie auch die Akzeptanz der Messgrößen gering. Häufig lässt auch die Transparenz und Gerechtigkeit eines solchen Anreizsystems zu wünschen übrig. Für das Unternehmen ist darüber hinaus schwierig, wenn die Messgrößen nur auf Abteilungs- und nicht auf Unternehmensebene erhoben werden, da damit ein Abteilungsdenken provoziert wird, welches der Unternehmensstrategie evtl. schaden kann. (1)
Auch die Literatur hat sich bisher bei der Heranziehung einer BSC zur Anreizmessung nicht

über die optimale Anzahl von Messgrößen festgelegt. (1)

Von besonderer Bedeutung für das Controlling und auch den Erfolg von Anreizsystemen ist die Auswahl der entsprechenden Messgrößen

Die Messgrößenanalyse kann mit folgenden Kriterien durchgeführt werden:
- Beeinflussung durch Umwelteinflüsse
- Input- und Outputorientierung
- Relevanz der Messgröße
- Reagibilität als Faktor für Fristigkeit der Reaktion von Einflussnahme und Reaktion im Ergebnis
- Erfassung und Abbildung struktureller Effekte in der Bemessungsgrundlage.(1)

Beeinflussung durch Umwelteinflüsse

Das Entscheiden und Handeln einer Führungskraft

resultiert in Ergebnissen. Diese sind aber bestimmt von Faktoren, die auf den Entscheidungen der Person beruhen und Faktoren, die auf Umwelteinflüsse zurückzuführen sind wie z. B. schlechte Qualität der Lieferungen von Lieferanten oder die technische Ausrüstung. So sind Messgrößen wie "Anzahl von Garantiefällen" oder "Fehlzeitenquote im operativen Bereich" wenig vom Abteilungsleiter zu beeinflussen und daher als Messgrößen kaum anwendbar. Somit müssen derartige Messgrößen, die einen hohen Umwelteinfluss aufweisen, entweder aus dem Anreizsystem herausgezogen werden, oder aber zumindest gering gewichtet werden. (1)

Input- und Outputorientierung

Inputorientierte Messgrößen beziehen sich auf Ergebnisse, die aus Handlungen resultieren, aber deren Ergebnis oder auch Output nur sehr schwer erfassbar ist. (1), (4)
Outputorientierte Messgrößen erfassen direkt das Ergebnis einer Handlung oder Entscheidung. (1), (4)
Outputorientierte Größen sollten stärker gewichtet werden als Inputorientierte. (1), (4)
Diese Gewichtungsregel ergibt sich aus der Anreizkompatibilität, gemäß der Entscheidungen und Handlungen nur dann belohnt werden sollten, wenn sie eine Konformität mit den Unternehmenszielen

aufweisen und das ist bei outputorientierten Größen deutlich häufiger gegeben als bei inputorientierten. (1)

Relevanz

Auch wenn in der Literatur zur BSC von einer Gleichgewichtung aller integrierten Messgrößen ausgegangen wird, erfordern einige Ziele von den Abteilungsleitern größere Anstrengungen als die Erreichung anderer. Daher muss im Rahmen der Relevanz auch hier eine Gewichtung vorgenommen werden, gemäß der alle Ziele, die leichter zu erreichen sind, weniger gewichtet werden, als die, für die ein größerer Aufwand zur Zielerreichung notwendig ist. (1)

Reagibilität

Aber auch die Fristigkeit der Reaktion von Messgrößen auf das Handeln und die Entscheidungen von Mitarbeitern muss berücksichtigt werden. Zum einen sollten die Messgrößen nicht alle kurzfristig reagieren, um damit auf kurzfristige Ergebnisse orientiertes Handeln auszuschließen, gleichzeitig sollten Faktoren, die nur langfristig zu verändern sind (wie z. B.

"Kundenzufriedenheitsindex") auch entsprechend gewichtet werden, um eine "Nicht-Motivation" durch diese Faktoren auszuschließen. (1), (4)

Strukturelle Effekte

Auch aus struktureller Sicht ist festzuhalten, dass der innerbetriebliche Leistungsaustausch zwischen den einzelnen Abteilungen in den Messgrößen und ihrer Gewichtung berücksichtigt werden muss. So können bestimmte Entscheidungen auch Einfluss auf die Leistungserbringung anderer Abteilungen haben. Sofern bestimmte Handlungen deshalb aber unterlassen werden, weil ihre Wirkungen nur gering die eigene Performance-Messung beeinflussen, kann das sich aus Sicht des Gesamtunternehmens negativ niederschlagen. (1)
So müssen neben den rein BSC-basierten Steuerungsgrößen der einzelnen Organisationseinheiten auch Messgrößen des Unternehmens integriert werden. Um die gesamtbetrieblichen Verflechtungen zu berücksichtigen müssen strukturelle Größen integriert werden, die die
- abteilungsübergreifende Nutzung von Ressourcen und Maschinen bei Produktionsengpässen,
- negativen spill-over-Effekte aufgrund von Qualitätsmängeln, niedriger Liefertreue, hoher

Ausschussrate und Durchlaufzeiten als Risiken im Leistungsaustausch
- sowie positiven spill-over-Effekte durch zwar geleistete aber nicht individuell vergütete Leistungen, berücksichtigen. (1)

Auch von den Personalabteilungen wird die besondere Bedeutung von Anreizsystemen erkannt

Die Personalexperten erkennen immer stärker, dass immaterielle Anreize an Bedeutung gewinnen gegenüber materiellen Anreizen und, dass Flexibilität und Variabilität des Einkommens zentrale Stellhebel moderner Anreizsysteme darstellen. (6)
Aus Sicht der Personalabteilungen werden die folgenden fünf wesentlichen Anforderungen an ein modernes Anreizsystem gestellt:
- klare Systembeschreibung
- die Mitarbeiter müssen Vertrauen in das System haben
- das System muss die Work-Life-Balance unterstützen
- die verschiedenen Komponenten müssen regelmäßig auf Attraktivität bei den Mitarbeitern

überprüft werden,
- nicht die absolute Anreizhöhe ist entscheidend, sondern die Belohnungsgerechtigkeit, die sich aus der relativen Anreizhöhe im Vergleich zu den Kollegen ergibt. (5)

Fallbeispiele

Leitende Angestellte und außertarifliche Mitarbeiter kommen in nahezu jedem Unternehmen in Berührung mit einem Anreizsystem. In 70 Prozent der in einer Studie des Personal-Magazins erhobenen Unternehmen kommen aber auch die Tarifmitarbeiter in den entsprechenden Genuss. Immerhin aber 17 Prozent beteiligen ihre Tarifmitarbeiter gar nicht oder nur in geringem Umfang an einem Anreizsystem. (5) Insbesondere der variablen Vergütung kommt eine bedeutende Rolle zu, wobei die Leitenden Angestellten den mit Abstand größten variablen Anteil haben (mindestens 15 Prozent, großenteils aber 30 50 Prozent). Aber auch Dreiviertel der Tarifmitarbeiter haben variable Gehaltsbestandteile, deren Höhe zwischen fünf und fünfzehn Prozent liegen. (5)
42 Prozent der befragten Unternehmen sehen in

Anreizsystemen ein Tool zur leistungsgerechten Entlohnung und eine erfolgreiche Unterstützung der Verknüpfung von individuellen zielen und Unternehmenszielen. (5)
Nahezu 25 Prozent der Teilnehmer an dieser Studie geben zu, dass gerade die am häufigsten genannten Ziele, nämlich leistungsgerechte Bezahlung, Fokussierung und Motivationsförderung die meisten Probleme bei der Umsetzung bereiten. (5)

Weiterführende Literatur

(1) Langer, Andreas, BSC-basierte Anreizsysteme für Führungskräfte bei der Intercar AG, Controlling, Nr. 11/2006, S. 583-588
aus HANDELSBLATT online 28.09.2006 07:32:22

(2) So setzt die TUI das Neue in die Welt
aus Absatzwirtschaft Nr. 11 vom 01.11.2006 Seite 038

(3) Sibbel, Dr. Rainer; Hartman, Felix; Siekaup, Thomas, Operatives Lieferantenmanagement
aus Absatzwirtschaft Nr. 11 vom 01.11.2006 Seite 038

(4) Kötzle, Alfred; Grüning, Michael; Kusmin, Dmitry, Optimierung betrieblicher Anreizsysteme in Transformationsländern, Controlling, Nr. 11/2006, S. 561-567
aus Absatzwirtschaft Nr. 11 vom 01.11.2006 Seite 038

(5) Anreize im Wandel
aus Personal Nr. 12 vom 01.12.2006 Seite 006

(6) Diskussion über Anreizsysteme
aus Personal Nr. 11 vom 01.11.2006 Seite 051

Impressum

Performance-Messung - Anreizsysteme für die Mitarbeiter schaffen eine strategieorientierte Ausrichtung des Handelns und Entscheidens

Bibliografische Information der deutschen Nationalbibliothek

Die Deutsche Nationalbibliothek verzeichnet diese Publikation in der deutschen Nationalbibliografie; detaillierte bibliografische Daten sind im Internet über http://dnb.d-nb.de abrufbar.

ISBN: 978-3-7379-0040-9

© 2015 GBI-Genios Deutsche Wirtschaftsdatenbank GmbH, Freischützstraße 96, 81927 München, www.genios.de

Alle Rechte vorbehalten. Dieses Werk ist einschließlich aller seiner Teile – z.B. Texte, Tabellen und Grafiken - urheberrechtlich geschützt. Jede Verwertung außerhalb der Grenzen des Urheberrechtsgesetzes bedarf der vorherigen

Zustimmung des Verlags. Dies gilt insbesondere auch für auszugsweise Nachdrucke, fotomechanische Vervielfältigungen (Fotokopie/Mikroskopie), Übersetzungen, Auswertungen durch Datenbanken oder ähnliche Einrichtungen und die Einspeicherung und Verarbeitung in elektronischen Systemen.